AF554839

PÉTITION
DE MAINE ET LOIRE,

POUR LA CONVOCATION

D'UNE ASSEMBLÉE SPÉCIALE.

ASSEMBLÉE SPÉCIALE. — MODE D'ÉLECTION. — LES COLLÉGES DE DÉPARTEMENS SUBSTITUÉS AUX COLLÉGES D'ARRONDISSEMENS.

ANGERS,
IMPRIMERIE-LIBRAIRIE DE PIGNÉ-CHATEAU,
Rue Saint-Aubin, 20.
1839.

PÉTITION

DE MAINE ET LOIRE,

POUR LA CONVOCATION

D'UNE ASSEMBLÉE SPÉCIALE.

Messieurs les députés,

Nous assistons à un étrange et douloureux spectacle : Le gouvernement, le parlement , tous les pouvoirs de l'état semblent frappés d'impuissance : impuissance au dehors, impuissance au dedans !

Et cependant ce noble et beau pays de France porte dans son sein tous les germes de force, de grandeur et de salut.

Cherchons donc la cause et la nature du mal , pour arriver au remède. Bonaparte avait tout envahi : le gouvernement et l'administration ; c'est sur ces deux bases qu'il avait élevé son despotisme Oriental: le géant comprimait d'une main l'Europe , et de l'autre la France : Il a péri par l'excès de ces deux principes : la guerre et le despotisme.

La Restauration accepta le monopole de l'administration, mais elle donna , dans sa loi l'élections , un lévier à la démocratie pour ébranler le gouvernement : Elle a péri parce qu'elle n'a pas renoué le présent au passé ; parce qu'elle n'a pas restitué le gouvernement au roi, l'administration au pays.

La constitution de 1830 n'a point rendu la liberté ni la vie à nos provinces ; elle a conservé à l'administration son aveugle centralisation, son avide fiscalité ; mais elle n'a pas cessé de miner le pouvoir que la Restauration avait ébranlé : ainsi, nous avons le despotisme dans l'administration, et l'anarchie dans le gouvernement. La constitution avait posé la souveraineté du peuple comme le principe du nouvel ordre de choses ; mais au lieu d'appeler le peuple-roi à concourir à la défense de ses intérêts, au vote de ses impôts, elle le deshérita bientôt de sa souveraineté, pour en doter les électeurs à 200 francs, pour en investir la propriété moyenne.

C'est sur cette base étroite et flottante que repose le gouvernement actuel : mais cette base n'est pas assez large pour que l'édifice soit solide.

Le mal vient de ce que tout est mêlé, confondu, déplacé ; le mal vient de ce que le gouvernement et l'administration ne sont pas là où ils devraient être ; le mal vient de ce que le parlement ne s'appuie pas sur le pays, sur la propriété, la véritable force, la véritable base de la société.

Il faut donc arriver à une réforme gouvernementale, électorale, administrative, à une réforme sociale.

Voilà le but, voici le moyen :

Afin de sortir de l'impuissance, de l'impasse où

tous les pouvoirs, toutes les opinions se trouvent acculés, il est nécessaire, il est urgent de convoquer une assemblée spéciale ; il faudrait, renonçant aux circonscriptions administratives, diviser les électeurs de chaque département par tiers, et les classer en trois sections, ou trois colléges d'intérêts semblables ; les colléges de la Grande, de la Moyenne et de la Petite-Propriété, et l'on attribuerait à chaque collége le même nombre de députés à nommer.

Les électeurs ainsi répartis, en nombre égal, dans trois sections d'intérêts semblables, dans trois colléges homogènes, on réunirait ces trois colléges l'un après l'autre, au chef-lieu du département, en commençant par le collége de la Petite-Propriété, en terminant par le collége de la Grande-Propriété.

Si l'on changeait le nombre actuel des membres de la chambre, de manière à attribuer à chaque département, la nomination de 3, 6, 9 ou 12 députés, chaque collége aurait un nombre égal de députés à nommer ; mais si l'on ne voulait pas toucher au nombre actuel des membres de la chambre, l'élection des députés qui dépassent le nombre 3 ou ses dérivés, serait attribuée à celui ou à ceux des colléges qui représenteraient la plus grande masse d'intérêts.

Ainsi, rien ne serait changé à la loi d'élections, que le nombre et la composition des colléges électoraux ; on ne ferait que remettre l'ordre et l'harmonie dans cette tour de Babel, où règne la confusion des opinions et des intérêts.

Ainsi, il n'y aurait point de privilége, point de double vote; égalité dans le nombre des électeurs de chaque collége, égalité dans le nombre des députés à élire.

Ainsi, tous les intérêts et toutes les opinions qui en dérivent auraient leurs représentans ; ainsi, la Grande, la Moyenne, et la Petite-Propriété auraient leur représentation ; ainsi, les trois grandes opinions qui se partagent aujourd'hui la France seraient représentées.

Cette chambre spéciale, née de tous les intérêts et de toutes les opinions serait une chambre *de vérité*, car elle serait l'expression du pays, l'image de la France : elle serait une chambre *de force*, car, au lieu de se briser en six coteries qui se neutralisent et s'annulent, elle se partagerait en trois grandes opinions, qui seules ont de la force et de la vie : elle serait une chambre *d'ordre* et *de liberté*, car elle aurait toujours une majorité pour l'ordre, et une majorité pour la liberté.

Ainsi, la France n'irait plus toujours flottant du despotisme à l'anarchie.

Comme nous voulons la représentation dans sa franchise et dans sa liberté, nous demandons l'abolition du serment politique.

Le serment politique était inconnu dans l'ancienne monarchie ; il est à la fois inutile et dangereux.

Il est inutile, car il n'a jamais prévenu aucun choix; il n'a jamais protégé aucun pouvoir.

Il est dangereux, car c'est ainsi qu'on apprend au peuple à se jouer de la sainteté du serment, et cependant le serment est le lien de la société ; c'est sur lui que reposent la fortune, l'honneur et la vie des citoyens ; si l'on brise la religion du serment, quelle force restera-t-il à la parole, à la promesse ? le faisceau social sera sans lien, les transactions privées seront sans garantie.

L'assemblée spéciale, qui serait la représentation de tous les intérêts et de toutes les opinions, serait l'expression de la propriété, l'image de la France ; elle serait appelée à méditer sur les malheurs du pays, sur les souffrances de la propriété et de l'industrie, sur l'humiliation de la France vis-à-vis de l'étranger, qui tant de fois a baissé la tête devant elle ; elle serait chargée de panser les plaies du pays, d'apporter un remède à tant d'humiliations et de souffrances, et de mettre un frein à la désorganisation sociale.

(*Suivent les signatures.*)

Nota. La pétition de Maine et Loire a été déposée à la chambre des députés par M. Berryer, et insérée le 26 juin dans la *Gazette de France.*

ASSEMBLÉE SPÉCIALE. — MODE D'ÉLECTION. — LES COLLÉGES DE DÉPARTEMENS SUBSTITUÉS AUX COLLÉGES D'ARRONDISSEMENS.

Après huit ans de méditations et de silence, une voix pleine de prudence et de sagesse s'est fait entendre.

M. de Villèle a senti qu'une assemblée spéciale est la seule voie qui mène sans trouble, sans secousse, à une réforme générale : aucun pouvoir; aucune opinion n'a la force de remuer profondément la loi d'élections, ce serait un tremblement de terre. Nous sommes loin de 1830, nous sommes loin de ces jours de paroxisme et d'exaltation où l'on improvisait un roi, une constitution, un système électoral; nous sommes à ces jours d'atonie et de découragement qui suivent toujours les grandes crises physiques, morales et politiques : Les opinions diverses, loin de le précipiter, veulent amortir le mouvement qui nous entraîne, elles necherchent point à arriver du premier pas, mais par une marche lente et successive, à cet avenir inconnu quitour-à-tour nous attire et nous effraie; les régénérations ont besoin du baptême du temps.

Il faut donc prendre la loi d'élections telle qu'elle est, mais il faut lui donner l'ordre qu'elle n'a pas et l'action qu'elle n'a plus. Car le corps électoral est frappé d'impuissance, il n'a plus de majorité pour aucun pouvoir, pour aucun système, pour aucune opinion : il faut rendre le mouvement à sa paralysie, il faut rendre la vie à son impuissance.

Le parti libéral se borne à demander *l'adjonction des capacités*, parce qu'il sent que le temps n'est pas venu de renouveler la loi d'élections : telle, dans un autre but, a été la pensée de M. de Villèle, et cette pensée aura bientôt de nombreux échos parmi les légitimistes de France : le présent n'offre rien de plus rationel, rien de plus sage que la division du corps électoral en sections d'opinions ou d'intérêts semblables; car la division morale des opinions, la division matérielle des intérêts sont dans la nature des choses : tout est là : la vérité, l'ordre, la force, la représentation de la propriété, l'image de la France.

La pétition de Maine et Loire ne s'écarte point de la pensée de M. de Villèle, seulement elle demande des colléges d'intérêts, au lieu de colléges d'opinions ; c'est la même pensée servie par un autre instrument.

Le système des colléges d'intérêts est bien simple, l'application bien facile : la loi règle tout ; elle ne laisse rien de ce qu'elle peut faire à la volonté ondoyante de l'homme ; il n'y a point de place à l'incertitude, à la confusion, à la fraude.

Le système des colléges d'opinions est séduisant en théorie, mais l'application serait semée d'embarras et d'obstacles.

Les groupes spontanément et volontairement formés

d'opinions semblables, ne peuvent se concilier avec l'égalité numérique des sections. Que feraient les électeurs de Paris, placés entre leurs 14 colléges? quels motifs d'opter pour un collége plutôt que pour un autre : la France se partage en 3 opinions, la propriété en 3 intérêts; admettre plus de 3 colléges, c'est sortir de la vérité et de la nature des choses : qui fixerait l'irrésolution, qui entraînerait la pusillanimité, qui empêcherait les libéraux d'entrer dans un collége légitimiste pour fausser l'élection? le champ serait ouvert à l'intrigue, à la confusion, à la fraude.

Voici la pensée-mère des colléges d'intérêts semblables : la chambre des députés doit être la représentation de la propriété.

La propriété a trois degrés, trois intérêts divers; il faut que ces trois intérêts soient représentés.

La France se divise en trois grandes opinions; il faut que ces trois opinions, qui naissent de la diversité des intérêts, soient représentées; il faut qu'elles aient dans la chambre la place, le nombre et l'influence qu'elles ont dans le pays : la chambre doit être le miroir de la France.

Or, la loi d'élections n'a été faite qu'au profit d'un seul intérêt et d'une seule opinion, il est donc nécessaire de remettre le droit commun à la place du monopole, de restituer leurs droits aux intérêts et aux opinions déshéritées.

Le nouveau mécanisme de la loi d'élections est bien

simple : la loi d'élections ne serait point changée, mais les colléges de départemens seraient substitués aux colléges d'arrondissements.

Les électeurs actuels de chaque département seraient divisés par tiers, et classés dans trois colléges d'intérêts semblables, et l'on attribuerait, à chaque collége, le même nombre de députés à nommer.

Les électeurs ainsi répartis, en nombre égal dans trois colléges homogènes, le collége de la Petite-Propriété serait composé du tiers des électeurs les moins imposés, le second tiers formerait le collége de la Propriété-Moyenne, et le collége de la Grande-Propriété serait formé du tiers des électeurs les plus imposés.

On réunirait ces trois colléges, l'un après l'autre, au chef-lieu du département, en commençant par le collége de la Petite-Propriété, en terminant par le collége de la Grande-Propriété ; car alors plus le premier collége verserait du côté de la démocratie, plus les deux autres colléges pencheraient, l'un du côté de l'ordre matériel, l'autre du côté de l'ordre moral.

La presse royaliste a souvent appelé 150 députés légitimistes dans la chambre, afin de nous arracher d'un *statu quò* déplorable ; afin de faire marcher les hommes et les choses dans la voie du progrès ; afin de donner satisfaction aux idées d'ordre et aux idées de liberté, et de se concilier, par là, l'assentiment et l'appui de la France.

Eh bien ! la pétition de Maine et Loire réaliserait ce vœu de la presse royaliste ; elle amènerait 150 députés légitimistes dans la chambre, elle amènerait une minorité puissante, qui serait l'élément de solution pour toutes les questions qui restent indécises et suspendues, qui exercerait un grand arbitrage entre les deux partis qui se tiennent en échec, et qui ferait tour à tour pencher la balance du côté du progrès et du côté de la stabilité, du côté de l'ordre et du côté de la liberté.

Un des avantages de ce projet, c'est de ramener l'élection aux chefs-lieux de départemens, aux grands foyers de la civilisation : la dissémination du corps électoral a peuplé la France de bourgs soumis, corrompus par l'or et par la peur ; les colléges d'arrondissement n'ont ni grandeur dans les vues, ni désintéressement dans les votes ; les élus de ces colléges sont bien moins les députés de la France que les hommes d'affaires de leur arrondissement : tout est petit, étroit, mesquin, sur un petit théâtre ; les hommes, les intérêts, les opinions : tout s'agrandit, tout s'élève, tout s'épure sur un plus grand théâtre ; l'intérêt local se tait devant l'intérêt de la France, les colléges de département sont plus nombreux, plus indépendans, plus éclairés ; ils ont une base plus large, ils ont un horizon plus vaste : le nombre, l'indépendance, les lumières, sont autant de barrières contre la corruption, contre les séductions du pouvoir et les intrigues des partis.

Une seule objection s'élève contre ce système, c'est que la Petite-Propriété ne serait pas intégralement representée ; elle serait cependant représentée : le collége de la Petite-Propriété serait composé des censitaires de 200 à 300 francs ; or, ces électeurs représentent la Petite-Propriété, dont ils font partie, s'ils ne la représentent pas tout entière.

Le système de la pétition de Toulouse ne résout pas davantage la difficulté, puisqu'il se compose des mêmes élémens, ses élémens actuels ; aucun système d'élection limitée ne peut la résoudre ; ce n'est que dans une réforme générale que la Petite-Propriété peut être intégralement représentée...

Et cependant une transition est nécessaire ; c'est la seule voie qui mène sans désordre et sans secousse à la réforme générale ; c'est une assemblée spéciale qui peut seule nous donner une loi d'élections dont la propriété sera la base et la chambre élective le sommet.

D'ailleurs, il ne faut pas remettre la réforme entre les mains des partis ; ils n'en feraient qu'une œuvre de déception, qu'un instrument de parti : Voyez le travail sorti des méditations de la gauche ; voyez ce dédale, où les systèmes et les théories les plus contraires, où l'élection directe et l'élection à deux degrés, où le cens, le nombre et l'intelligence, où tout a trouvé place excepté le droit commun et six millions de contribuables ; voyez ces innombrables catégories de capacités, où l'on a précisément oublié celle de la renommée et du génie, celle des *Lamennais* et *des Châteaubriand* : non, non, il ne faut pas remettre la réforme entre les mains des partis ; il faut la confier à une assemblée spéciale où les trois opinions de la France seront également représentées. C'est le seul interprète indépendant et impartial des volontés du pays.

Il est nécessaire, il est urgent de sortir de cette impasse fatale, où tout tombe et tout périt : le gouvernement réprésentatif, la monarchie, la société ; car l'anarchie qui règne dans les esprits a déjà passé dans les faits; et l'on n'en peut sortir qu'en donnant une impulsion nouvelle à la loi d'élections ; qu'en galvanisant le corps électoral qui n'a plus d'action, plus de force, plus de vie... Le parti libéral veut donner une impulsion démocratique par un système de catégories arbitraires ; le parti légitimiste veut donner une impulsion monarchique par la division du corps électoral en sections d'opinions ou d'intérêts semblables ; il veut porter l'ordre et l'harmonie dans cette *tour de Babel* où règne la confusion des opinions et des intérêts.

Nous le disons avec une conviction profonde : plus la proposition de M. de Villèle sera méditée ; plus la pensée d'une assemblée spéciale sera approfondie, plus elle captivera les esprits : Elle est une ancre pour le pouvoir, qui voit le gouvernail s'échapper de ses mains, et qui est emporté à la dérive ; elle est pour la chambre des pairs, gardienne de la stabilité, une barrière contre le mouvement démocratique qui nous entraîne ; elle est une sauvegarde pour tous ces hommes que le changement effraie, qui voient dans la réforme radicale une révolution, qui pensent que le bien ne peut se faire que peu à peu, et ne doit venir que goutte à goutte ; et ces hommes sont la nation.

Le comte DE VILLEBOIS.

www.ingramcontent.com/pod-product-compliance
Lightning Source LLC
LaVergne TN
LVHW010414240826
846091LV00020B/3739

9782012477278